우주 비행사 학교

되자! 우주 비행사

똑똑한 직업 학교

우주 비행사 학교

학 생 증

이름

똑똑한 직업 학교 03

도전! 우주 비행사

초판 1쇄 발행 2020년 4월 23일 | **초판 4쇄 발행** 2024년 11월 1일

글쓴이 캐서린 아드 | **그린이** 세라 로런스 | **옮긴이** 이한음
펴낸이 임선희 | **펴낸곳** ㈜책읽는곰 | **출판등록** 제2017-000301호 | **주소** 서울시 마포구 성지길 48
전화 02-332-2672~3 | **팩스** 02-338-2672 | **홈페이지** www.bearbooks.co.kr | **전자우편** bear@bearbooks.co.kr
SNS Instagram@bearbooks_publishers | **ISBN** 979-11-5836-170-9, 979-11-5836-167-9(세트)
편집 이요선, 우지영, 우진영, 이다정, 최아라, 박혜진, 김다예, 윤주영, 홍은채 | **디자인** 권영진, 김지은, 김아미, 김은지, 이설
마케팅 정승호, 배현석, 김선아, 이서윤, 백경희 | **경영관리** 고성림, 이민종 | **저작권** 민유리
협력업체 이피에스, 두성피앤엘, 월드페이퍼, 원방드라이보드, 해인문화사, 으뜸래핑, 도서유통 천리마

Astronaut in Training
First published 2018 by Kingfisher, an imprint of Pan Macmillan
Text copyright © Catherine Ard, 2018
Illustrations copyright © Sarah Lawrence, 2018

이 책의 한국어판 출판권은 키즈마인드 에이전시를 통해 Macmillan Publishers International Ltd와 독점 계약한 ㈜책읽는곰에 있습니다.
이 책은 저작권법에 따라 보호받는 저작물이므로 무단 전재와 복제를 금합니다.

KC마크는 이 제품이 공통안전기준에 적합하였음을 의미합니다.
제조국 : 대한민국 | **사용 연령** : 3세 이상
책 모서리에 부딪히거나 종이에 베이지 않도록 주의해 주세요.

우주 비행사 학교

훈련 프로그램

실습 1: 훈련을 시작하며 ················· 6

실습 2: 심화 훈련 ························· 8

이론 1: 우주는 어디에 있을까? ·········· 10

이론 2: 밤하늘 ·························· 12

실습 3: 이륙 준비! ······················ 14

이론 3: 태양 ···························· 16

이론 4: 태양계 ·························· 18

이론 5: 작은 천체들 ····················· 20

실습 4: 달 ······························ 22

이론 6: 우주 탐사 계획 ·················· 24

이론 7: 은하 ···························· 26

실습 5: 국제 우주 정거장 ················ 28

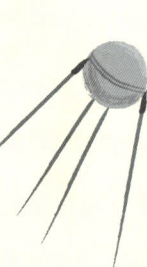

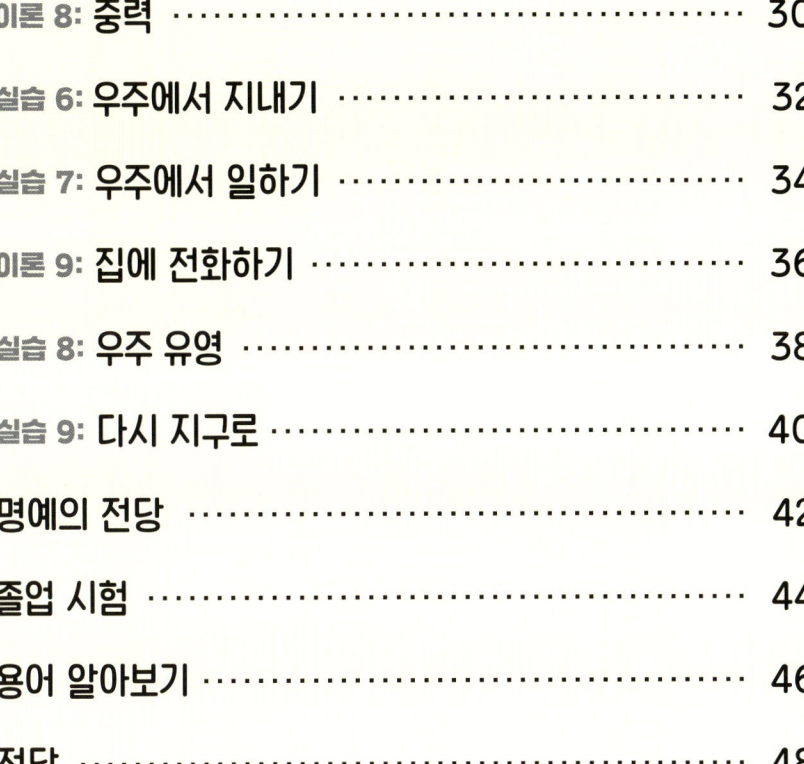

이론 8: 중력	30
실습 6: 우주에서 지내기	32
실습 7: 우주에서 일하기	34
이론 9: 집에 전화하기	36
실습 8: 우주 유영	38
실습 9: 다시 지구로	40
명예의 전당	42
졸업 시험	44
용어 알아보기	46
정답	48

이론 우주 비행사가 되기 위해 알아야 할 중요한 **정보**를 배울 수 있어.

실습 우주 비행사가 꼭 익혀야 하는 **기술**과 **지식**을 배울 수 있어. 실습을 마치면 각 페이지에 확인 표시를 해 봐.

실습 1

훈련을 시작하며

우주 비행사가 되고 싶다고?
갑자기 위기가 닥쳤을 때 차분한 편이니?
망가진 물건을 잘 고칠 수 있니?
평소 용감하고 모험심이 강한 편이니?
그렇다면 합격! 이제부터 우주 비행사가
되기 위한 훈련을 시작해 보자.

운동하기

우주 비행사가 되려면 하루에 두 시간씩 운동해야 해. 무거운 우주복을 입고서 여섯 시간 동안 우주선 밖에서 움직일 수 있는 체력과 힘을 길러야 하거든.

러시아 말 배우기

지금은 러시아 우주선을 타야만 국제 우주 정거장에 갈 수 있어. 그러려면 조종 장치에 적힌 러시아 글을 읽을 수 있어야 하고, 러시아 관제 센터 사람들과 러시아 말로 이야기도 나눌 수 있어야 하지.

간단한 러시아 말부터 연습해 보자.

안녕: 프리베트

아니: 네트

응: 다

잘 가: 파카

러시아 말은 한국말과 전혀 달라.

마구 흔들려도 견뎌 내기

네가 탄 비행기가 롤러코스터처럼 움직인다고 생각해 봐! 비행기가 위로 치솟다가 갑자기 아래로 떨어지면 약 25초 동안 몸이 공중에 붕 뜨는 느낌이 들어. 우주에 있을 때도 이와 비슷한 느낌이야. 어지럽고 메스꺼울 수 있으니까 토하지 않도록 조심!

위장이 튼튼해야 해!

응급 치료 배우기

우주에는 병원이 없어서 누군가 아프거나 다치면 동료들끼리 서로 치료하고 돌봐야 해.

두 그림을 비교해 보고, 다른 곳 세 군데를 찾아 봐.

실습 1 완료!
확인 통과

실습 2

심화 훈련

잘했어! 첫 훈련을 성공적으로 통과했구나.
이제 다음 훈련을 시작해 보자.

로켓실 훈련

이제 로켓을 타고 날아갈 시간이야.
진짜 우주로 가는 건 아니야!
우주 비행사는 '시뮬레이터'라는
실물 크기의 모형 안에서 우주선
조종하는 법을 배워. 또 우주에서
일어날 수 있는 긴급 상황에
어떻게 대처해야 하는지도 배우지.

미국 항공 우주국의 시뮬레이터

가상 현실 훈련

가상 현실 헤드셋을 쓰면 마치 직접
간 것처럼 우주 정거장을 체험할 수 있어.
우주 정거장의 각 구역을 돌아보면서
어떤 일을 맡게 될지 살펴보고 훈련하지.

가상 현실 헤드셋

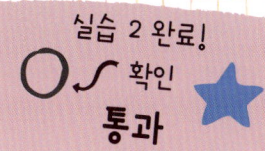

무중력 상태와 비슷해.

우주 유영 훈련

우주복을 입고 커다란 수영장에
들어가서 움직이는 훈련이야.
물속에서 움직이다 보면
우주에 떠 있는 느낌이
무엇인지 알 수 있어.

다음에 수영장에
가면 우주 비행사처럼
걸어 봐.

중력 가속도 내성 훈련

훈련에 쓰는 원심기는 빠르게 회전하는 장치야.
좌석이 하나뿐인 초고속 회전 놀이 기구와 비슷하지.
윙윙, 원심기가 돌아가면 몸이 좌석 방향으로
눌리면서 머리와 몸이 아주
무겁게 느껴져. 우주 비행사가
우주에서 모든 임무를 마치고
지구로 돌아올 때 겪게 될
상황을 훈련하는 거야.

꽉 잡아!

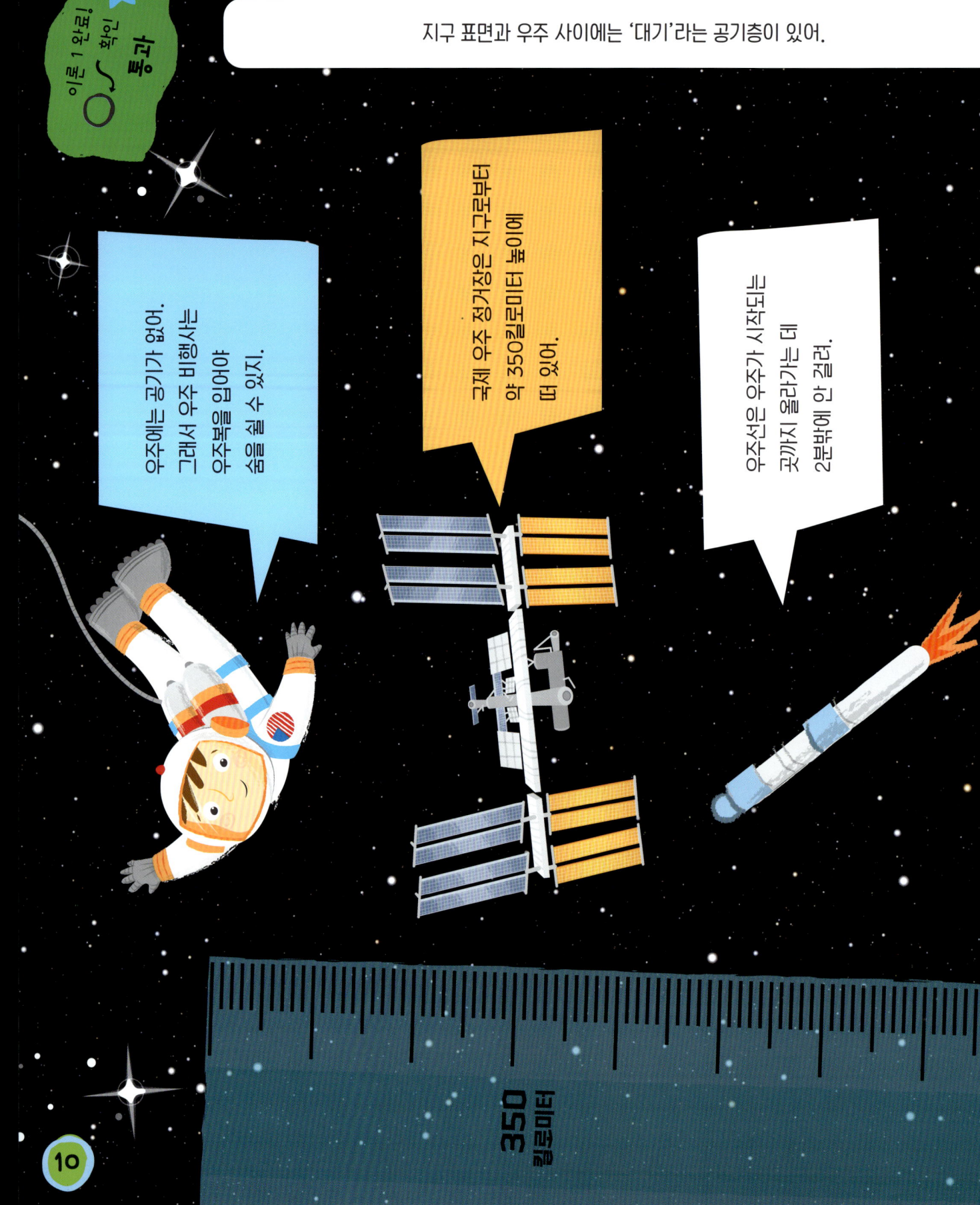

대기는 높이에 따라 성질이 달라.

열기구는 바람을 타고 날아. 여기 공기는 땅 근처보다 차가워.

에베레스트산 꼭대기는 지구에서 가장 높은 곳이야. 이곳은 산소가 부족해서 산소마스크를 쓰지 않으면 숨쉬기 어려워.

이론 1

우주는 어디에 있을까?

임무를 시작하기 전, 우주에 대해 더 자세히 알아봐야 해. 우주는 우리 머리 위 아득히 높은 곳에 있어.

가장 높이 나는 비행기도 우주가 시작되는 높이인 4분의 1까지는 올라갈 수 있어.

100 킬로미터

21 킬로미터

8848 미터

11

이론 2

밤하늘

잠시 쉬면서 밤하늘을 올려다볼까?
반짝이는 별들이 점점이 흩어져 있어.
별들이 모여서 모양을 이루기도 하는데,
이를 '별자리'라고 해.

별끼리 연결하기

옛날 사람들은 좋아하는 이야기 속 영웅이나 생물의 이름을 따서 별자리 이름을 지었어. 그림에서 아래 별자리들이 어디에 있는지 찾아 봐.

○ 백조자리   ○ 전갈자리   ○ 사자자리   ○ 오리온자리   ○ 헤라클레스자리

🌙 **달 관찰하기**

달은 지구 주위를 돌며 변함없이 하늘에 떠 있지만, 빛을 받는 부분만 보이기 때문에 우리 눈에는 달 모양이 바뀌는 것처럼 보여.

오늘 밤에는 어떤 달이 뜰까?

실습 3

이륙 준비!

야호! 마침내 우주선을 발사하는 날이야.
우주 멀리 우주선을 보내려면 많은 준비가 필요하지.
자, 벌써 카운트다운이 시작되었어.

발사 전 점검

지상과 관제실에서 일하는 사람들은 날씨를 살피고, 로켓이 제대로 준비되었는지 확인하며 바쁘게 움직여. 함께 움직일 준비됐지?

이륙 전에 할 일

 ○ 텔레비전 방송국의 리포터와 인터뷰하기

 ○ 발사와 착륙할 때 필요한 우주복인 '여압복' 입기

 ○ 우주 비행사 전용 차량으로 로켓까지 이동하기

 ○ 가족, 친구, 관중에게 손을 흔들며 인사하기

 ○ 승강기를 타고 발사탑 꼭대기로 올라가기

 ○ 사령선 안에 앉아 안전띠 매기

카운트다운

카운트다운은 숫자를 거꾸로 세는 거야.
'발사 2분 전'은 발사 순간까지
2분이 남았다는 뜻이지.
마지막 10초는 모두가 들을 수 있게
스피커를 통해 큰 소리로 외쳐.
10, 9, 8, 7, 6, 5…….

발사!

로켓 엔진에 불이 붙으며 천둥 치는 소리가 들려. 우주선이 이륙해서 속도가 붙으면 마구 흔들리는 것도 느낄 수 있지.

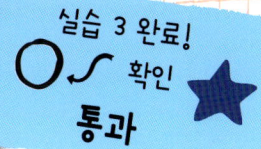

실습 3 완료! 확인
통과

연료통이 떨어져 나가면서 우주선이 분리돼.

추진 로켓이 분리돼.

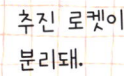

다음 정거장은 우주입니다!

로켓 분리!

로켓 일부가 떨어져 나갈 때 쾅 소리가 들릴 거야. 겁내지 마! 우주선 맨 위쪽의 작은 사령선 안에 있는 우주 비행사들은 안전해. 추진 로켓과 연료통, 사령선을 제외한 우주선의 나머지 부분은 제 역할을 다하고 나면 떨어져 나가.

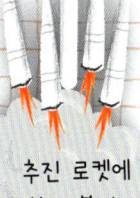

추진 로켓에 불이 붙어.

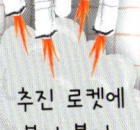

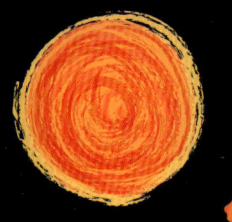

이론 3

太陽

우주에 도착하기 전에 몇 가지 더 알아볼까?
우주 비행사가 되려면 태양에 대해 반드시 알아야 해.
태양은 평범한 별이지만 우리에게는 아주 특별해.
태양 덕분에 지구에 밝은 빛이 비치고 따뜻한 열이 전해지거든.

태양의 크기

태양은 아주 거대해. 태양 안에 지구만 한 별이 1백만 개 넘게 들어갈 수 있어. 지구에서 멀리 떨어져 있어서 작아 보일 뿐이야.

태양의 특징

그림에서 아래 네 가지를 찾아 봐.

- ○ **표면**: 태양 표면은 단단한 고체가 아니라 불타고 있는 뜨거운 기체야.
- ○ **플레어**: 태양이 우주로 뿜어내는 커다란 불꽃이야. 지구보다도 더 크지.
- ○ **흑점**: 태양 표면에서 덜 뜨거운 부분으로, 검은 점처럼 보여.
- ○ **태양 탐사선**: 태양에 관한 정보를 모으는 무인 우주선이야.

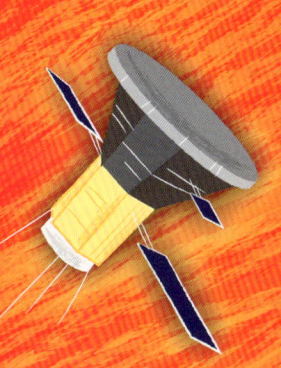

우주에서 안전하게 지내기

지구에서도 조심해야 하지만, 특히 우주에 있을 때는 태양 빛으로부터 눈을 보호해야 해.

- 우주선 밖에서 움직이는 우주 유영을 할 때는 금으로 코팅한 헬멧을 써서 태양열과 태양광을 막아야 해.
- 우주선에서 창밖을 내다볼 때는 선글라스를 써야 해.

태양의 온도

태양 표면의 온도는 5500도가 넘어. 아주아주 뜨거운 오븐도 막상 온도를 재 보면 250도밖에 안 되니까 정말 엄청난 거지.

지구와의 거리

태양은 지구에서 약 1억 5천만 킬로미터 떨어져 있어. 아주 빠른 우주선을 타고 가도 150일 넘게 걸린대.

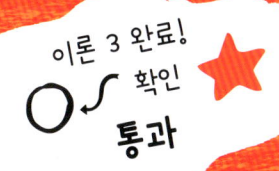

이론 3 완료!
확인
통과

이론 4

태양계

태양계는 태양과 그 주위를 도는 여덟 개의 행성으로 이루어져 있어. 지구도 행성 중 하나야.

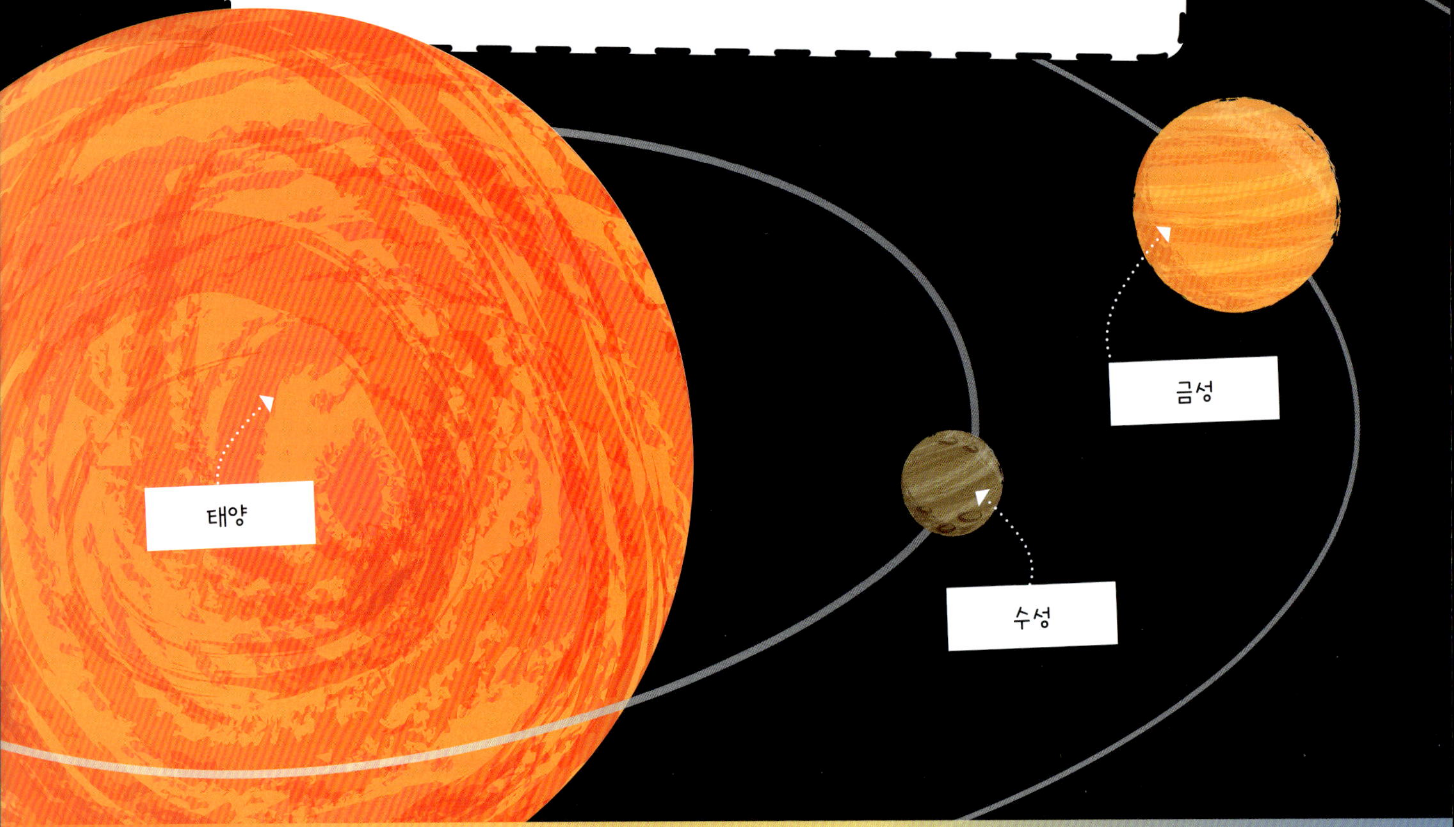

태양

금성

수성

수성
타는 듯이 뜨거움

태양을 향한 쪽은 뜨겁지만 반대편은 아주아주 차가워.

금성
아주 뜨거움

두꺼운 구름과 활동하지 않는 사화산으로 뒤덮여 있어.

지구
딱 좋은 온도

태양계에서 동식물이 살 수 있는 유일한 곳이야.

화성
너무 추움

붉은 행성이며 먼지 구름으로 뒤덮이곤 해.

암석일까, 기체일까?

수성, 금성, 지구, 화성은 단단한 암석으로 이루어져 있지만, 목성, 토성, 천왕성, 해왕성은 기체가 뭉쳐 있는 거야. 기체로 된 행성에서는 서 있을 수 없어. 발을 딛는 순간 그대로 아래로 떨어져 버릴 거야!

이론 4 완료! OX 확인 통과

천왕성
해왕성
화성
지구
목성
토성

쉽게 외워 볼까?

태양계 행성들의 순서를 쉽게 외우는 방법이 있어.
바로 행성 이름의 첫 글자만 따서 불러 보는 거야.

수성	금성	지구	화성	목성	토성	천왕성	해왕성
수	금	지	화	목	토	천	해

목성
화성보다 더 추움

태양계에서 가장 큰 행성이야. 위성이 80개 가까이 있어.

토성
목성보다 더 추움

암석과 얼음 덩어리로 이루어진 고리가 있어.

천왕성
토성보다 더 추움

중심에 암석이 있고, 그 위에 얼음이 뒤덮여 있어.

해왕성
태양계에서 가장 추움

꽁꽁 얼어붙은 파란색 행성이야. 태양계에서 가장 강한 바람이 불지.

왜행성

태양계의 왜행성인 명왕성과 케레스, 에리스는 모두 얼음으로 뒤덮여 있어. 명왕성은 가장 큰 왜행성이지만 우리 달보다 작아.

케레스

유성체

유성체는 행성들 사이에 떠 있는 작은 암석 조각이야. 지구로 떨어지며 불타기 시작하면 '유성' 또는 '별똥별'이라 하고, 불타다 남은 조각이 땅에 부딪히면 '운석'이라고 해.

이론 5
작은 천체들

우주에는 행성뿐 아니라 더 작은 천체도 많아.
커다란 암석과 얼음도 있고, 먼지 알갱이도 많지.

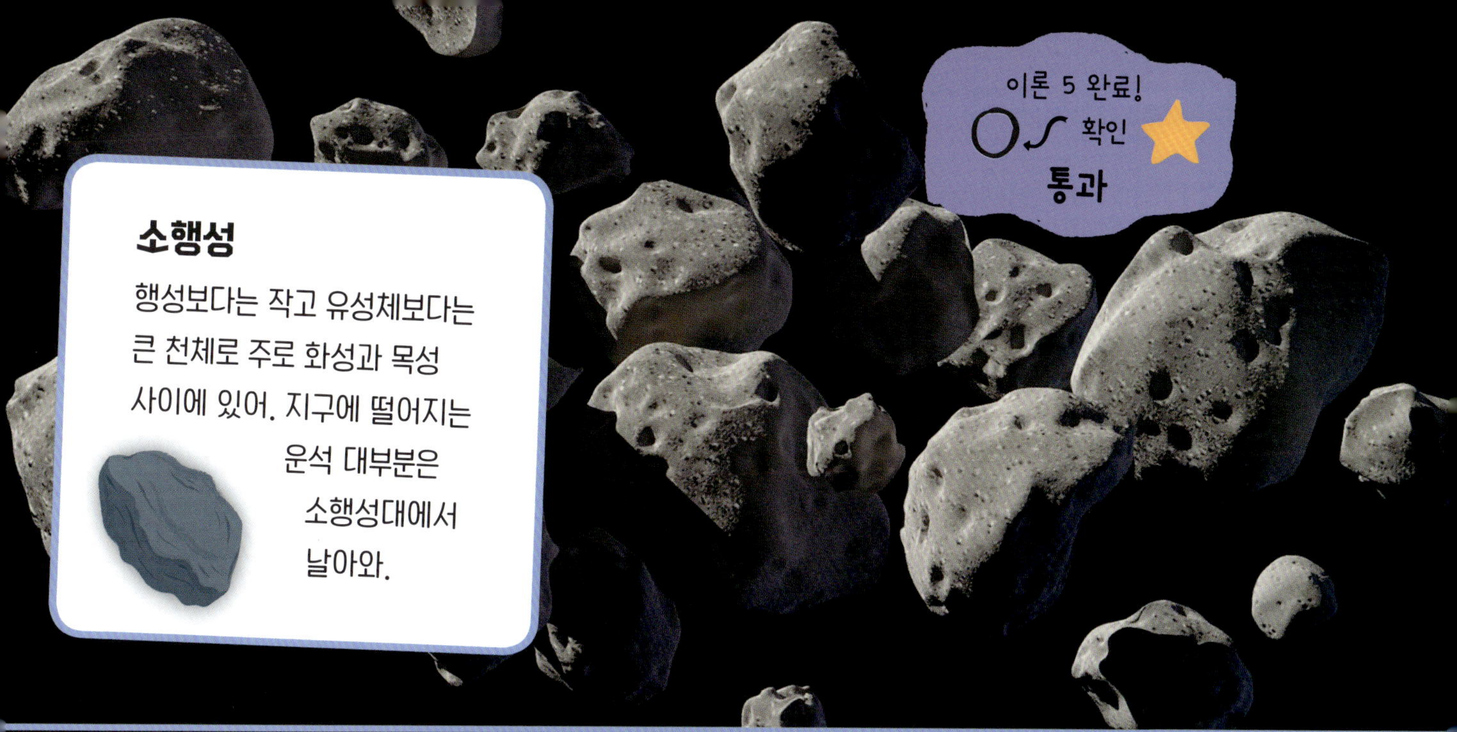

소행성

행성보다는 작고 유성체보다는 큰 천체로 주로 화성과 목성 사이에 있어. 지구에 떨어지는 운석 대부분은 소행성대에서 날아와.

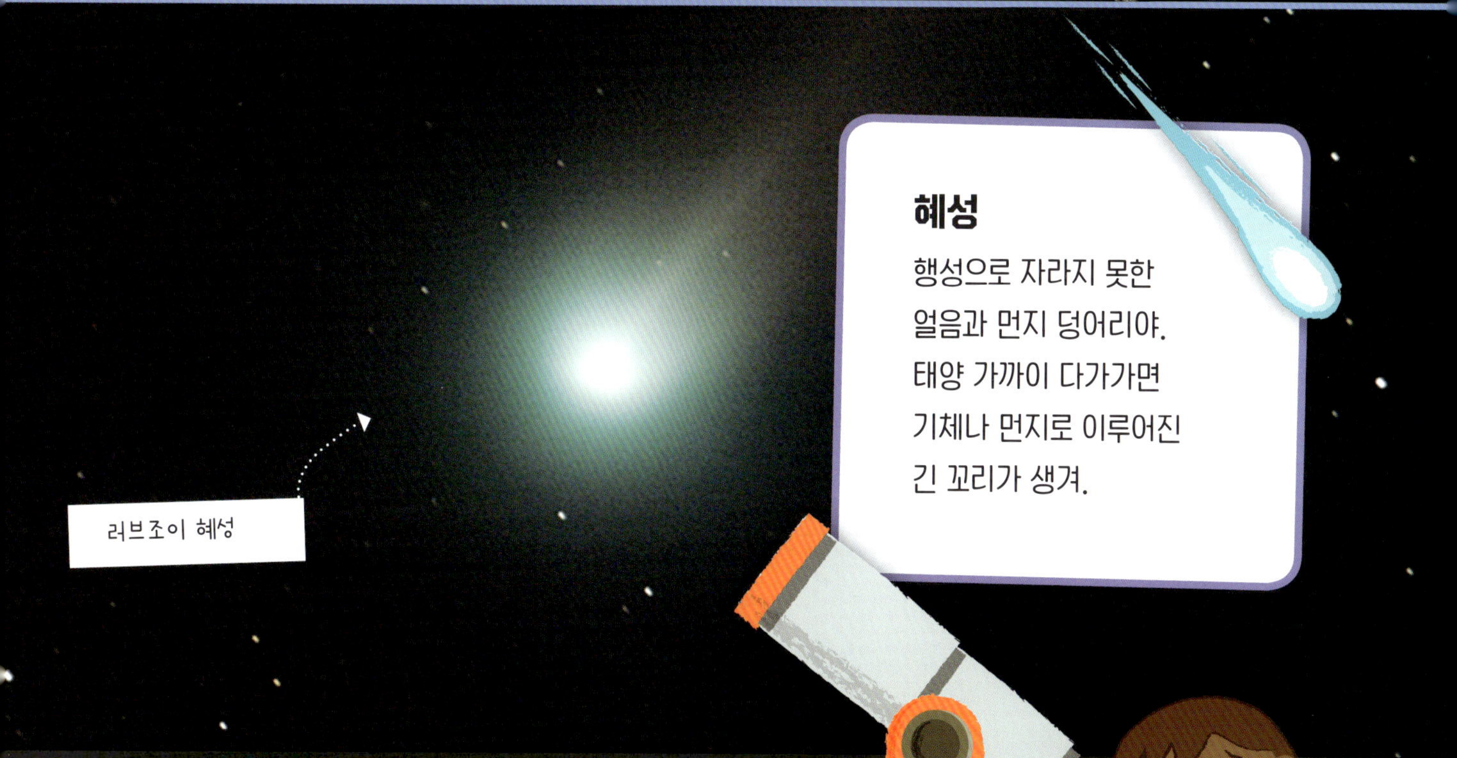

이론 5 완료! 확인 통과

혜성

행성으로 자라지 못한 얼음과 먼지 덩어리야. 태양 가까이 다가가면 기체나 먼지로 이루어진 긴 꼬리가 생겨.

러브조이 혜성

별똥별 관측하기

별똥별은 사실 유성이야! 별똥별이 비처럼 쏟아지는 것을 '유성우'라고 하지. 해마다 지구에서 볼 수 있는 유명한 유성우들이 있어. 그중 페르세우스 유성우는 8월 중순에 가장 장관을 이뤄.

실습 4 완료! 확인
통과

함께 찾아 볼까?

다음 중 달에서 발견할 수 있는 것을 표시해 봐.

- ○ **크레이터:** 운석이 부딪혀서 생긴 자국이야. 달은 크레이터로 뒤덮여 있어.

- ○ **달 토양:** 셀 수 없이 많은 유성체가 달 표면에 부딪히면서 생긴 먼지야.

- ○ **산:** 달에는 산이 많아. 지구의 에베레스트산보다 높은 것도 있어.

- ○ **우주복:** 달에는 공기가 없어서 산소를 공급해 주는 우주복을 입고, 월면차를 타고 이동해.

- ○ **발자국:** 달에 찍힌 발자국은 수백만 년 동안 사라지지 않아. 달에는 비도 내리지 않고 바람도 불지 않거든.

도착

1942년
독일의 V2 로켓은 인류가 우주까지 쏘아 올린 최초의 물체였어. 지상에서 100킬로미터 높이까지 올라갔어.

1961년
러시아의 우주 비행사인 유리 가가린이 인류 최초로 우주 비행을 하고 돌아왔어. 보스토크 1호를 타고 지구 궤도를 108분 동안 비행했지.

1957년
스푸트니크는 우주로 보낸 최초의 인공위성이야. 작은 금속 공처럼 생긴 스푸트니크는 지구 상공을 돌면서 전 세계의 무선 통신을 다루는 사람들이 들을 수 있게 삑삑거리는 소리를 냈어.

1957년
러시아의 개 '라이카'가 스푸트니크 2호를 타고 동물로서는 최초로 지구 궤도를 돌았어.

이론 6
우주 탐사 계획

지금까지 우주를 탐사하기 위해 많은 로켓이 발사되었어. 언제부터 어떻게 우주 탐사를 해 왔는지 함께 알아보자.

2000년
국제 우주 정거장이 건설되어 우주에 머무르며 연구를 할 수 있게 되었어.

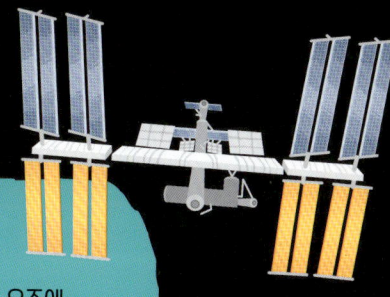

1969년
우주 비행사가 최초로 달에 착륙했어. 우주선인 아폴로 11호를 타고 안전하게 돌아왔지. 사람이 직접 방문한 천체는 달이 유일해.

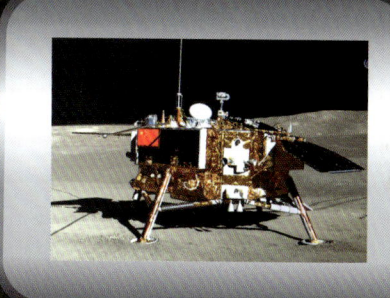

1981년
여러 번 사용할 수 있는 우주 왕복선이 최초로 발사되었어. 지구로 돌아올 때는 비행기처럼 활주로에 안전하게 착륙했어. 우주 왕복선 다섯 대가 만들어졌고, 모두 합쳐서 135번 비행했지.

2019년
중국의 달 탐사선인 창어 4호가 최초로 달 뒷면에 착륙했어. 달 뒷면은 지구에서는 볼 수 없는 곳이야.

탐사 계획 세우기

언제, 무엇을 타고 우주로 가고 싶은지 적어 봐.

날짜: _____

로켓 이름: _____

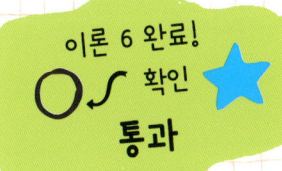

이론 6 완료! 확인 통과

이론 7

은하

타원 은하
지구에서는 커다란 공 모양 별처럼 보여. 별들이 한데 뭉쳐 있기 때문이야.

불규칙 은하
모양이 다양해서 구름이나 얼룩, 구불거리는 선처럼 보이기도 해.

밤하늘에 반짝이는 것 중에는 별뿐 아니라 은하도 있어.
은하는 수십억 개의 별이 모여 있는 거야.
은하마다 모양과 크기는 제각각이지.

나선 은하
별과 먼지의 기체 따위가 은하 중심으로부터 나선, 즉 소용돌이 모양으로 뻗어 나와 있어.

은하수
태양계는 '우리은하'라고 불리는 나선 은하에 속해 있어.

맑은 날 밤하늘을 보며 은하수를 찾아 봐.

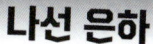
태양계는 여기에 있어!

이론 7 완료!
확인 통과

1. 따라잡기

우주 정거장은 지구와 같은 궤도를 돌고 있어. 우주선의 속도를 높여서 우주 정거장을 앞질러야 해.

2. 가까이 붙기

이제 우주선이 우주 정거장과 같은 궤도에 들어왔어. 우주 정거장이 다가오도록 점점 속도를 줄여.

실습 5

국제 우주 정거장

만세! 우주 정거장에서 지낼 준비됐니? 우주 정거장에 우주선을 잘 연결한 뒤, 안으로 들어가면 돼. 어때, 간단하지?

3. 연결하기

우주 정거장의 도킹 포트와 우주선의 위치를 맞춘 뒤 천천히 다가가 연결해.

4. 성공!

휴! 이제 해치를 열고 안으로 둥둥 떠서 들어가면, 우주 정거장에 있는 사람들과 만날 수 있어.

여기서 잠깐!

두 그림을 비교해 보고, 다른 곳 세 군데를 찾아 봐.

서 있기

지구에서는 발을 바닥에 단단히 딛고 서 있을 수 있어. 발을 헛디디면 넘어지기도 하지.

우주에서는 우주선 안에 떠 있어. 지구에서처럼 서 있으려면 막대기나 고리로 발을 고정해야 해.

머리카락 세우기

지구에서는 중력 때문에 머리카락이 아래로 늘어져. 머리카락을 세우고 싶으면 헤어 왁스가 필요하지.

우주에는 중력이 거의 없기 때문에 머리카락이 늘어지지 않고 위로 솟아올라.

이론 8

중력

중력은 우리를 땅으로 끌어당기는 보이지 않는 힘이야. 우주에서는 중력이 크지 않아서 둥둥 떠다닐 수 있어.

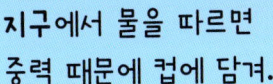

지구에서 물을 따르면 중력 때문에 컵에 담겨.

우주에서 물을 따르면 크고 작은 방울이 되어 공중에 떠다녀. 이 물은 빨대로 빨아들이거나 입을 벌려 꿀꺽 삼켜야 해.

정리하기

지구에서 방바닥에 옷을 벗어 두면 누군가 치울 때까지 그대로 놓여 있어.

우주에서는 클립, 접착테이프, 자석, 벨크로 테이프로 모든 것을 고정해야 해. 안 그러면 물건들이 여기저기 둥둥 떠다니거든.

미리 준비하기

우주에서 떠다니면 속이 메스꺼울 수 있어. 위장이 위아래가 어디인지 구분하지 못하거든. 만약의 상황에 대비해서 비닐봉지를 미리 챙겨 두면 좋아.

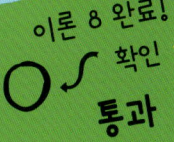

이론 8 완료!
확인
통과

실습 6

우주에서 지내기

이제 우주 정거장에서 지내볼 거야. 우주 정거장 안에는 무엇이 있는지 함께 살펴보자.

식사하기
우주 정거장에서 먹는 음식은 다 주머니에 담겨 있어. 물을 붓고 데워서 먹으면 돼!

맛있어!

씻기
우주 정거장에서는 샤워나 목욕을 못해. 발 냄새가 난다면, 젖은 수건과 비누로 닦아 내야 해!

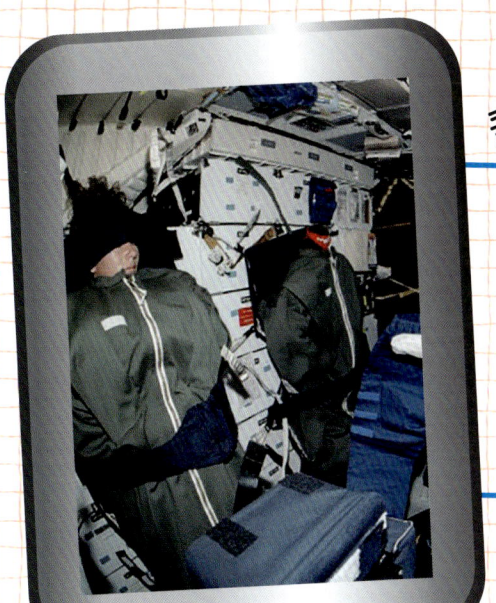

쿨쿨

잠자기
여기는 침실이야. 밤에 자다가 둥둥 떠다니지 말라고 침낭을 벽에 묶어 놓았어.

실습 6 완료! 확인
통과

웩!

운동하기
우주 비행사로 일하려면 건강해야 해. 우주 정거장에서도 규칙적으로 운동을 한단다.

도킹 포트

화장실 가기
우주 정거장의 화장실에는 오줌을 빨아들이는 관과 똥을 빨아들이는 구멍이 있는 의자가 있어.

여기서 잠깐!

그림에서 다음 방들이 어디에 있는지 찾아 봐.

○ 주방   ○ 체력 단련실
○ 침실   ○ 화장실

실험하기

우주 비행사는 우주에서 어떤 일이 일어나는지 알기 위해 식물, 동물뿐 아니라 자기 몸을 가지고 실험하곤 해.

양상추, 콩, 무 같은 식물을 키울 수 있어.

실습 7

우주에서 일하기

이제 바쁘게 일할 시간이야! 우주 정거장은 거대한 연구실이나 다름없어. 다양한 나라에서 온 우주 비행사들이 일하고 있어.

온갖 잡일하기

우주 비행사는 고장 난 곳을 고치거나, 컴퓨터를 검사하거나, 모든 것이 제대로 작동하는지 안전 검사를 하는 데도 시간을 쏟아야 해. 때로는 진공청소기로 우주 정거장을 깨끗하게 청소하기도 하지.

실습 7 완료! 확인
통과

침, 피, 피부 표본을 수집해. 옉!

지렁이, 개미, 벌, 생쥐가 우주에서 어떻게 행동하는지 연구해.

여기서 잠깐!

우주 정거장에서 다음 세 가지가 어디에 있는지 찾아 봐.

 양상추　　 나사돌리개　　 헤드폰

사진 찍기

우주 비행사는 우주 정거장에서 생활하는 모습이나 우주선 밖으로 보이는 지구의 멋진 모습을 사진으로 찍어. 그리고 그 사진을 지구에 있는 사람들이 볼 수 있도록 인터넷에 올리곤 해.

✻ 큐폴라

우주 정거장에서 커다란 창으로 지구를 내려다볼 수 있는 곳이야.

35

이론 9

집에 전화하기

지구로부터 수백 킬로미터 높이에 떠 있지만,
지구에 있는 사람들과 연락할 일이 많아.

전파 보내기

우주선은 전파로 지구와 통신을 해.
전파는 텔레비전, 라디오, 휴대 전화로
정보를 보내는 보이지 않는 신호야.
전 세계에 있는 큰 인공위성 안테나가
우주에서 오는 전파를 모으지.

엄마,
잘 지내고
계세요?

가족과 통화하기

우주 정거장에서는 특수한 전화기로
가족과 통화할 수 있어. 얼굴을 보며 화상 통화도
할 수 있어.

거기 누구 있어요?

우주 정거장에서 전파를 보낼 때, 관제 센터가 지구 반대편에 있으면 어떻게 해야 할까? 그때는 우주에 있는 인공위성과 지상의 위성 안테나를 이용하면 돼. 우주 정거장의 전파를 받은 안테나가 그 전파를 인공위성으로 반사하고, 인공위성은 다시 또 다른 안테나로 반사하지. 이렇게 몇 차례 왔다 갔다 하면 원하는 관제 센터까지 무사히 전파를 전달할 수 있어.

이론 9 완료! 확인 통과

여기서 잠깐!

두 가지 전파가 만나면 혼선이 일어나. 라디오를 켜고서 휴대 전화를 가까이 대 봐. 지지직거리는 소리가 나지? 양쪽 전파가 서로 방해하기 때문이야.

우주 비행 관제 센터

지구에 있는 관제 센터는 컴퓨터를 이용해 우주 비행사들의 임무를 지켜보고, 우주 정거장에서 하는 많은 일들을 함께해. 매일 아침 우주 정거장의 전등을 켜는 일조차 관제 센터에서 하지.

우주복 덕분에 공기가 없는 우주에서도 숨 쉬고 체온을 유지할 수 있어. 옷이 좀 두툼한 데다 움직이기 어렵긴 해.

우주복처럼 아주 두꺼운 장갑을 낀 채로 양치를 해 보고, 어떤 느낌인지 말해 봐.

우주 유영을 할 때는 우주로 떠내려 가지 않도록 케이블로 몸을 우주선과 연결해.

여기서 잠깐!

우주 비행사들이 우주 정거장의 부품을 교체하고 있어. 빈 곳에 필요한 부품이 무엇인지 찾아 봐.

실습 8 완료! 확인 통과

분리
우주선을 우주 정거장에서 분리한 뒤, 엔진을 점화해서 천천히 고도를 낮춰. 이제 안전하게 지구로 돌아올 시간이야.

실습 9

다시 지구로

임무를 끝내고 지구로 돌아올 시간이야. 이것을 '재진입'이라고 해.
재진입할 땐 많이 흔들리니까 꽉 잡아!

재진입 준비하기

 각자 소지품과 실험 도구, 표본을 꾸려서 우주선으로 옮겨.

 로켓 발사 때 입었던 여압복을 다시 입어.

 우주 정거장에 있는 동료들에게 작별 인사를 해.

 사령선에 들어가서 해치를 닫아.

 좌석에 앉아서 안전띠를 매.

 관제 센터에서 신호가 올 때까지 기다려.

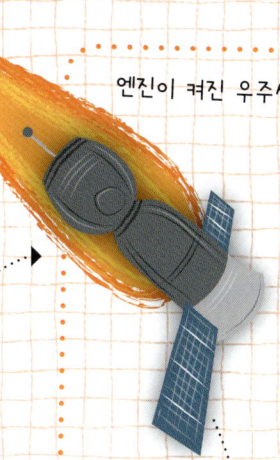
엔진이 켜진 우주선

불꽃
지구로 들어올 때는 우주선이 너무 빨라서 불이 붙어. 하지만 안에 타고 있는 사람은 안전해.

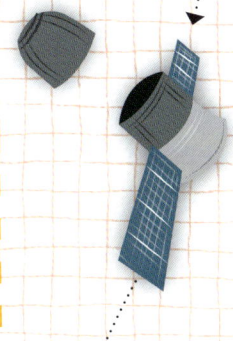
사람은 중간에 있는 사령선에 타고 있어.

파열
쾅! 쾅! 우주선이 조각나서 떨어져 나가는 소리야. 필요 없는 부분이 떨어져 나가는 거니까 겁낼 필요 없어. 사령선만 지구에 도착하지.

다시 분리
낙하산이 펼쳐지면서 땅으로 떨어지는 속도를 줄여 줘.

안전하니까 걱정 마.

충돌!
마침내 땅이나 바다에 떨어져. 해치를 열면 지상 요원이 내리는 걸 도와줄 거야.

실습 9 완료!
확인 통과

41

알렉세이 레오노프
러시아의 우주 비행사이며, 최초로 우주 유영을 했어. 12분 동안 우주에 떠 있었지.

라이카
러시아에 살던 개야. 우주선을 타고 지구 궤도를 돈 최초의 동물이지.

스티븐 호킹
우주를 연구한 물리학자야. 우주가 어떻게 시작되었는지에 관한 중요한 사실을 발견했어.

이소연
대한민국 최초의 우주인이야. 국제 우주 정거장에 머물며 우주 과학 실험과 같은 다양한 임무를 수행하고 무사히 지구로 돌아왔어.

명예의 전당

발렌티나 테레시코바
우주로 나간 최초의 여성이야. 지구 궤도를 마흔여덟 바퀴나 돌면서 다양한 사진을 찍었어.

유리 가가린
러시아의 우주 비행사이며, 우주로 나간 최초의 사람이야. 지구 궤도를 한 바퀴 돌았지.

닐 암스트롱
미국의 우주 비행사로 역사상 최초로 달에 발을 디딘 사람이야! 모르는 사람이 거의 없지.

기온 블러포드
우주로 나간 최초의 아프리카계 미국인이야. 우주선 한 대에 여덟 명의 우주 비행단이 함께 타고 간 것도 처음이었지.

엄청난 모험을 하며 우주에 다녀오거나, 우주의 역사를 새롭게 쓴 이들이야.
너도 이들처럼 우주에 관해 연구하거나 우주 여행을 떠나고 싶지 않니?

졸업 시험

얼마나 배웠는지 확인해 볼까?

1 지구에서 얼마나 높이 올라가야 우주가 시작될까?
 a) 10킬로미터
 b) 100킬로미터
 c) 1000킬로미터

2 다음 중 별자리 이름으로 맞는 것은?
 a) 백조자리
 b) 백로자리
 c) 타조자리

3 태양계 행성은 모두 몇 개일까?
 a) 2개
 b) 8개
 c) 28개

4 태양계 행성들은 무엇의 주위를 돌까?
 a) 태양
 b) 은하
 c) 달

5 소행성과 운석은 무엇으로 이루어져 있을까?
 a) 행성
 b) 암석
 c) 로켓

6 달에 난 커다란 구멍들을 부르는 말은?
 a) 그로토
 b) 그레이터
 c) 크레이터

7 다음 중 옳은 것은?
 a) 달에는 바람이 많이 분다.
 b) 달에는 바람이 전혀 안 분다.
 c) 달에는 가끔 바람이 분다.

8 지구가 속한 은하의 이름은?
 a) 우리은하
 b) 안드로메다은하
 c) 마젤란은하

9 다음 중 틀린 것은?
   a) 국제 우주 정거장은 지구 궤도를 돈다.
   b) 국제 우주 정거장은 늘 같은 위치에 있다.

10 별똥별은 실제로 무엇일까?
   a) 혜성
   b) 외행성
   c) 유성

11 우리를 땅으로 당기는 보이지 않는 힘은?
   a) 지력
   b) 응력
   c) 중력

12 다음 중 우리가 우주에 있을 때 일어나는 일은?
   a) 둥둥 뜬다.
   b) 가라앉는다.
   c) 쪼그라든다.

13 지구에서 우주 임무를 통제하는 곳은?
   a) 관제 센터
   b) 쇼핑 센터
   c) 물류 센터

14 우주 비행사가 우주선 바깥으로 나와 활동하는 것을 부르는 말은?
   a) 우주 유영
   b) 우주 산책
   c) 우주 비행

우주 비행사 점수

정답과 맞추어 보고 점수를 계산해 봐.

1-5점 안타까워. 다시 돌아가서 우주에 관해 열심히 공부해 보자.

6-10점 좀 더 공부하면 뛰어난 우주 비행사가 될 거야.

11-14점 잘했어! 이미 최고의 우주 비행사인걸!

용어 알아보기

우주 비행사가 쓰는 말들

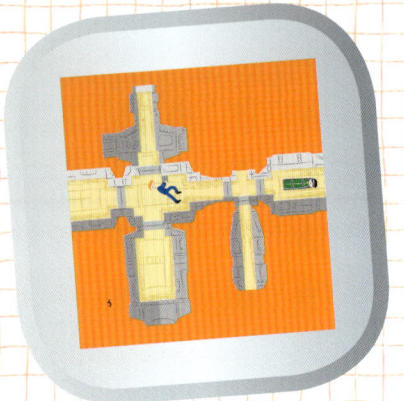

관제 센터
지구에서 우주선 및 우주 정거장과 통신하는 곳이에요.

궤도
행성이나 혜성이 다른 천체 주위를 돌면서 그리는 길이에요.

대기
행성을 감싼 기체층으로, 지구의 대기는 '공기'라고 해요.

도킹 포트
우주 정거장에 우주선이 결합할 수 있는 부분이에요.

사령선
우주선에서 우주 비행사가 머무르는 부분이자 지구로 돌아오는 유일한 부분이에요.

시뮬레이터
어떤 일을 가상으로 연습할 수 있도록 어떤 장면이나 상황을 실제에 가깝게 구현하는 장치예요.

우리은하
태양계가 속한 은하예요.

원심기
아주 빨리 회전하는 기계예요.

인공위성
지구 둘레를 돌면서 여러 가지 일을 하도록 로켓으로 쏘아 올린 장치예요.

중력
지구 표면에 있는 물체를 지구 중심으로 끌어당기는 힘이에요.

재진입
우주선이 우주 공간에 머물다가 지구 대기로 다시 들어오는 거예요.

크레이터
달이나 지구 표면에 난 구멍으로, 대개 운석이 충돌하여 생겨요.

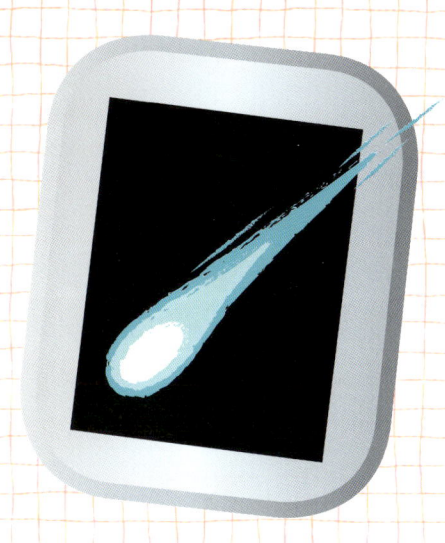

우주 비행사 학교

잘했어요!

우주 비행사 훈련을 통과했어요.

자격 획득

이름

정답

7쪽
다른 곳 찾기 정답=빨간 원

12-13쪽
별자리 정답

백조자리=초록 원; 전갈자리=파란 원;
사자자리=빨간 원; 오리온자리=분홍 원;
헤라클레스자리=보라 원

16-17쪽
태양의 특징 정답

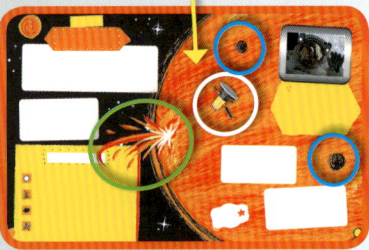

표면=태양의 바깥쪽 모두. 노란 화살표.
플레어=초록 원
흑점=파란 원
태양 탐사선=흰 원

22-23쪽
길 찾기 정답=빨간 선

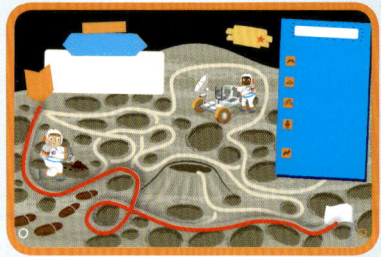

29쪽
여기서 잠깐! 정답=분홍 원

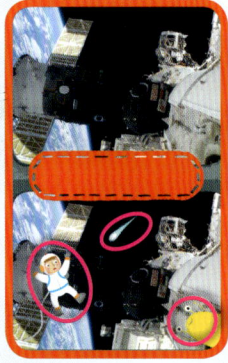

32-33쪽
여기서 잠깐! 정답

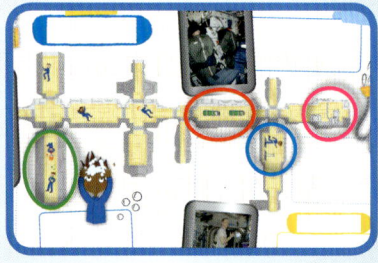

주방=초록 원
체력 단련실=파란 원
침실=빨간 원
화장실=분홍 원

34-35쪽
여기서 잠깐! 정답=빨간 원

38-39쪽
여기서 잠깐! 정답=노란 원

44-45쪽
1=b; 2=a; 3=b; 4=a; 5=b; 6=c;
7=b; 8=a; 9=b; 10=c; 11=c;
12=a; 13=a; 14=a

글쓴이 캐서린 아드
어려서부터 줄곧 책 읽기와 글쓰기를 좋아했습니다. 대학에서 영문학과 불문학을 공부하고 어린이책 편집자이자 작가로 일합니다. 어린이들이 재미있게 활동하면서 여러 가지 지식을 쌓을 수 있는 책을 주로 만들어 왔습니다.

그린이 세라 로런스
날마다 영감을 주는 어린 딸과 함께 영국 남동부의 작은 도시 워딩에 살고 있습니다. 어린이책 출판사에서 일하는 틈틈이 그림을 그립니다. 주로 밝고 매력적인 디지털 일러스트레이션 작업을 합니다.

옮긴이 이한음
우리나라를 대표하는 과학 전문 번역가입니다. 전문적인 과학 지식과 인문학적 사유가 조화를 이룬 번역으로 이름이 높습니다. 《바디 : 우리 몸 안내서》, 《우리는 왜 잠을 자야 할까》, 《만들어진 신》, 《바이러스 행성》, 《알고리즘, 인생을 계산하다》를 비롯해 수많은 책을 우리말로 옮겼습니다. 어린이책으로는 〈과학탐험대 신기한 스쿨버스〉 시리즈, 《로봇 백과 ROBOT》, 《인체 탐구》 들이 널리 읽혔습니다.